Ln 27 16284

# NOTICE

SUR

# PIERRE L'HERMITE

Par un Membre de la Société des Antiquaires de Picardie.

AMIENS,

CHEZ LENOEL-HEROUART, IMPRIMEUR-LIBRAIRE,

RUE DES RABUISSONS, 10.

# NOTICE

SUR

# PIERRE L'HERMITE.

Au moment où la Société des Antiquaires de Picardie, aidée du concours empressé de toute la France, se dispose à ériger à l'une des illustrations les plus populaires de l'Amiénois un magnifique monument de bronze, nous avons pensé qu'il serait utile de rappeler en quelques mots la vie de l'*Apôtre des Croisades*.

Ces pages, écrites à la hâte, ne sont d'ailleurs que l'écho affaibli du livre si complet que M. Vion a fait dernièrement paraître sur le même sujet. — L'auteur a bien voulu nous autoriser à nous aider de son travail et nous nous empressons de reconnaître que nous avons largement usé de la permission qu'il nous avait donnée avec une si gracieuse obligeance.

Toutefois, on connaîtrait bien imparfaitement Pierre l'Hermite si l'on ne réunissait aux évènements de son existence l'histoire de son temps et l'exposé de l'influence considérable des croisades sur notre civilisation moderne ; aussi ne pouvons-nous mieux faire que de renvoyer à l'ouvrage de M. Vion le lecteur qui voudra approfondir les effets et les causes, et trouver les preuves historiques des faits que nous allons rapidement exposer.

Une tradition constante, appuyée d'ailleurs sur le témoignage irrécusable des premiers historiens des croisades, fait naître Pierre l'Hermite à Amiens en l'année 1053.

Son père, Regnault, originaire de Clermont en Auvergne, occupait vers le milieu du XI<sup>e</sup> siècle les fonctions de lieutenant du roi Henri I<sup>er</sup> au castillon d'Amiens, et, par son mariage avec Adelide, fille du baron de Picquigny, il pouvait prétendre à succéder à ce dernier dans la Vidamie de l'Amiénois.

Il n'est donc point étonnant qu'issu d'une noble origine, Pierre ait été, vers l'âge de 6 ans, confié par ses parents à Godefroy, abbé du monastère de Saint-Quentin-du-Mont, auprès duquel il devait se former tout à la fois à l'étude des arts libéraux et aux exercices de la profession des armes, à laquelle semblait l'appeler sa naissance et son inclination personnelle.

Par une heureuse coïncidence, il se trouvait en

ce moment au même monastère, un autre enfant qui devait lui aussi devenir un homme célèbre ; nous voulons parler de Saint Geoffroy, qui, arrivé par ses vertus à l'évêché d'Amiens, résista si courageusement aux excès du régime féodal, protégea si efficacement le *pauvre peuple de Dieu* contre la tyrannie d'Enguerrand de Boves et de Thomas de Marle, et qui enfin, eût la gloire d'aider les bourgeois d'Amiens à conquérir, avec leur charte de commune, l'affranchissement et la liberté.

Cependant le caractère remuant et inquiet de Pierre l'Hermite s'accommodait mal de la retraite et du silence du cloître ; il voulut, à l'exemple des jeunes intelligences de son époque, aller puiser au dehors une science plus profonde et, d'ailleurs, l'attrait de la dialectique et des controverses philosophiques, alors en honneur dans toutes les écoles, devaient sourire à un esprit débordant de sève et d'ardeur ; à 17 ans, il quitte l'asile de ses premières années, et le voilà parcourant tour à tour les écoles célèbres de Corbie, de Saint-Riquier, de Laon, de Cluny, et celle de Paris qui déjà brillait entre toutes les autres.

Le talent qu'il déploya dans les luttes sans cesse renouvelées où maîtres et disciples discutaient les points les plus ardus de la philosophie scholastique, ne tardèrent pas à attirer sur lui l'attention de Geoffroy, évêque de Paris, allié des comtes de Boulogne et chancelier de France : celui-ci s'efforça de déterminer son jeune protégé à entrer dans les ordres, mais Pierre s'y refusa constamment, renonçant par humilité à la presque certitude d'avancer rapidement dans les dignités et les bénéfices qui faisaient l'objet de la convoitise universelle ; toutefois, cédant aux sollicitations de l'évêque de Paris, il consentit à se charger de diriger ou plutôt de compléter l'éducation des fils d'Eustache II, comte de Boulogne, Eustache, Godefroy et Beaudouin.

Il avait déjà connu les trois jeunes princes au monastère de Saint-Quentin-du-Mont, dont l'abbé était leur oncle ; aussi fut-il pour ses élèves bien moins un maître qu'un ami ; il s'attacha particulièrement à Godefroy, dont sans doute l'âme et la pensée concordaient mieux avec la sienne, et qui préférait aux frivoles plaisirs de son âge les discours de Pierre, empreints d'une douce et sainte austérité. On pût voir bientôt, au milieu des combats, que ce dernier avait pris autant de soin à former ses élèves à la carrière des armes qu'aux études de l'intelligence. Pendant trois ans, de 1070 à 1073, les fils d'Eustache défendirent la cause de leur père et de leur aïeul, le duc de Lotharingie, injustement attaqués par Robert-le-Frison ; Godefroy surtout, toujours soutenu par les exemples et les conseils de son précepteur, fit des prodiges de valeur et fut, malgré sa jeunesse, armé chevalier sur le champ de bataille. Dans une rencontre près de Cassel il s'était engagé si avant qu'il allait infailliblement périr, si Pierre ne se fût jeté intrépidement à son secours et ne l'eût délivré ; mais accablé par le nombre l'intrépide Picard fut contraint de se rendre, et il demeura quelque temps prisonnier aux mains des ennemis.

Quand Godefroy fut devenu duc de Bouillon et marquis d'Anvers et qu'il n'eût plus qu'à administrer paisiblement ses États, Pierre, lui aussi, voulut gouter le calme et les douceurs de la vie privée, et il épousa Beatrix de Roucy, issue d'une famille noble de Picardie. Le bonheur qu'il trouva dans cette union fut de courte durée, il perdit Béatrix au bout de trois années de mariage. Ne pouvant se consoler du malheur qui venait le frapper dans ses plus chères affections, Pierre résolut de se débarrasser de tout lien terrestre et d'ensevelir sa douleur dans la retraite la plus austère : il remit à ses parents les plus proches le soin de ses jeunes enfants et abandonnant la gestion de tous ses biens, il se retira loin de son pays, au fond d'un ermitage situé dans une des provinces du nord de la Gaule-Belgique.

Depuis l'année 1076 jusqu'en 1093, l'existence du pieux ermite est environnée de ténèbres, et les chroniqueurs ne s'accordent guère sur ce qu'il fit durant ce long espace de temps. Faut-il supposer qu'il se tint constamment éloigné du monde, tout entier à la douleur et à la méditation ? Faut-il admettre qu'il prit parti dans la longue lutte qui commençait alors entre la papauté et l'Empire, et faut-il, avec quelques historiens, le retrouver combattant au siége de Rome à côté de Godefroy de Bouillon et au milieu de l'armée de l'empereur Henri IV ?

Quoiqu'il en soit, vers l'année 1093, Pierre l'Hermite prenant la panetière et le bourdon du pèlerin, s'en fut pour accomplir un vœu, visiter les lieux saints. Après avoir traversé cette longue route d'Allemagne que la ferveur religieuse de l'époque couvrait alors de pèlerins de toute condition et de tout âge, il arriva en Palestine, non sans avoir éprouvé de bien cruelles traverses. Sans doute, plus d'une fois pendant la route, son cœur avait gémi à la vue des misères de ceux qui comme lui entreprenaient le grand voyage ; mais, quelle ne fût pas sa douleur en contemplant l'état déplorable dans lequel gémissaient les Chrétiens d'Orient, livrés sans défense aux mauvais traitements des Infidèles, et surtout en voyant les outrages infligés aux plus saintes croyances du christianisme ! Un peu avant son arrivée, onze mille chrétiens avaient été pillés et tués par les Arabes, et chaque jour des troupes de pèlerins tombaient aux mains des voleurs et des brigands qui leur arrachaient la vie. Ces périls néanmoins ne pouvaient ralentir le zèle et la piété des chrétiens qui, au mépris de tous les obstacles, quittaient leur pays et s'en venaient adorer le Sauveur aux lieux mêmes où sa croix avait été plantée.

Notre pèlerin, après avoir acquitté de lourds tributs, pût pénétrer dans la ville sainte, et là il apprit non-seulement les malheurs du temps présent, mais aussi toutes les calamités que les chrétiens d'Orient avaient eu à subir depuis des siècles. Pour s'assurer de l'exactitude de ces faits inouïs, Pierre alla voir le patriarche Siméon « homme vertueux et craignant Dieu, » qui s'ouvrit à lui avec confiance et lui exposa tous les maux qui pesaient si lourdement sur le peuple de la sainte cité : « Nous aurions quelque espérance, ajouta-t-il, si votre peuple qui sert Dieu sincèrement et dont les forces sont encore entières et formidables à nos ennemis voulait venir à notre secours, car nous n'attendons rien des Grecs, quoiqu'ils soient plus proches que vous par les lieux et par les liens du sang, et que leurs richesses soient plus grandes que les vôtres ; à peine peuvent-ils se défendre eux-mêmes, toute leur force est tombée et vous devez avoir appris que depuis peu d'années ils ont perdu plus de la moitié de leur empire. » « Sachez, saint Père, répondit l'Hermite, que si l'Eglise romaine et les princes d'Occident étaient instruits de la persécution que vous souffrez par une personne exacte et digne de foi, par paroles ou par actions, ils essaieraient au plus tôt d'y apporter remède. Ecrivez donc au Pape et aux princes et rois des lettres détaillées et scellées de votre sceau. Je m'offre d'en être le porteur et d'aller partout, avec l'aide de Dieu, et pour le salut de mon âme, solliciter des secours auprès d'eux tous pour soulager votre extrême détresse. » (1).

Fidèle à sa promesse, il repartit aussitôt pour l'Europe et se hâta d'aller trouver le pape Urbain II. Il lui remit la lettre du patriarche et des chrétiens orientaux, et joignit à l'appui des malheurs qu'elle racontait en termes touchants, le récit éloquent des persécutions et des outrages dont lui-même avait été le témoin et parfois la victime.

(1) Voyez M. Vion, p. 254.

Emu par cette ardente parole et sollicité d'ailleurs par un ambassadeur de l'empereur de Constantinople, Alexis Comnène, qui envoyait également demander contre les infidèles les secours de l'Occident, Urbain II assembla à Plaisance, le 1er jour de mars 1095, un concile où se trouvèrent réunis quatre mille ecclésiastiques et plus de trente mille laïques. — Dans ce concile l'idée de la croisade fut adoptée avec enthousiasme ; mais voulant assurer le succès de l'expédition et jugeant que les temps n'étaient point mûrs encore, le pape remit à un autre concile qui serait ultérieurement tenu en France, l'organisation complète et la discussion des voies et moyens de l'entreprise.

Il fallait en effet préparer les esprits à cette grande incursion armée ; il fallait appeler aux armes les peuples des villes et des campagnes ; il fallait réveiller le zèle des prêtres, l'ardeur et la foi des chevaliers, il fallait faire connaître à tous l'état déplorable d'abandon et d'ignominie où se trouvait cette terre que le Christ, en la choisissant entre toutes pour y accomplir son sublime sacrifice, avait à jamais rendue sacrée ; il fallait, en un mot, entraîner dans un élan universel ces masses populaires, ces nobles et ces princes qui volèrent si intrépidement et avec tant d'enthousiasme à la conquête et à la délivrance du saint sépulcre.

Or, quel homme pouvait, mieux que Pierre l'Hermite, accomplir cette œuvre laborieuse ? N'avait-il pas été témoin des insolences et des exactions des Sarrasins, de la misère et de l'opprobre des chrétiens ? — Son esprit n'était-il pas préparé, par les savantes études de sa jeunesse, aux difficultés diplomatiques qu'allaient soulever ses rapports avec les princes des pays qu'il devait traverser ? —Enfin, dans mille occasions, n'avait-on pas eu lieu de remarquer l'influence irrésistible que sa parole exerçait sur les habitants incultes des cités et des villages ? Nul ne convenait mieux que notre infatigable pèlerin à ces travaux si divers dans leurs moyens, mais liés par un but commun ; aussi le Pape le chargea-t-il de parcourir l'Europe entière pour y appeler les chrétiens aux armes.

C'est alors que celui que l'on peut désormais nommer l'apôtre des croisades, se rend successivement en Italie, en France, en Angleterre, en Allemagne, voyant partout le peuple se lever à sa voix et se précipiter sur ses traces comme sur celles d'un saint. Mais c'est aux lieux mêmes qui l'ont vu naître, dans le nord de la France, dans la Belgique, le Boulonnais, le Ponthieu, la Normandie, l'Amiénois enfin, qu'il couronne, par un redoublement de zèle et de succès, sa grande mission ; puis, suivi d'une affluence considérable, il se dirige vers Clermont, en Auvergne, où allait s'ouvrir le nouveau concile qu'Urbain II y avait convoqué, et où déjà s'était rassemblée une foule innombrable accourue de toutes parts.

La dixième séance du concile se tint sur la grande place de Clermont, au milieu d'un concours immense. « Le pape, dit un vieux et naïf chroniqueur cité par M. Vion, commanda à Pierre l'Hermite de raconter fidèlement ce qu'il avait vu et entendu de la calamité des chrétiens qui gardaient le Saint-Sépulcre ; obéissant au Saint-Père, il parla avec tant de zèle et de piété et fut tellement assisté du Saint-Esprit, qu'autant de paroles il prononça furent autant de flammes qui embrasèrent le cœur des rois, des princes, des ambassadeurs et de tous les prélats, du désir de sacrifier leurs biens et leur vie pour la gloire de celui qui en est l'auteur. »

Des pleurs de pitié, des sanglots étouffés accueillirent le triste récit qui commença le discours de Pierre l'Hermite ; mais quand il en vint à parler de l'expédition projetée, quand il peignit à la pensée l'armée d'Occident allant conquérir les Lieux-Saints et détruire l'odieuse servitude des infidèles, l'enthousiasme ne connut plus de bornes. Le transport belliqueux qui animait ces flots de peuple se traduisit tout-à-coup en un seul et unanime cri de guerre : *Dieu le veut ! Dieu le veut !* Aussitôt on arrache des lambeaux d'étoffe rouge, on les pose en croix au sommet de la poitrine et ce symbole de la passion du Christ deviendra le drapeau sous lequel iront combattre et mourir ses soldats.

Il ne restait plus qu'à s'occuper de l'organisation des différents corps d'armée, et à choisir les chefs. — Il fût décidé que les armées régulières ne se mettraient en marche qu'à une année de là, sous la conduite de Godefroy de Bouillon ; mais ce long retard ne pouvait satisfaire la foule impatiente, accourue sur les pas de Pierre l'Hermite : elle voulait partir sans délai pour Jérusalem ; il fallut consentir à lui laisser entreprendre de suite son pieux voyage, et le 1ᵉʳ mars 1096 fut fixé pour le jour de ce premier départ.

Pierre divisa sa troupe en deux corps : il confia le premier, composé de quinze mille hommes d'infanterie, à un seigneur picard, Gauthier de Poix, qui mourut l'année suivante en Bulgarie et fut remplacé par son neveu Gauthier-sans-Avoir.

Peu de temps après le départ de Gauthier qui avait pris les devants, Pierre se mit lui-même en route, suivi d'une foule de pèlerins « innombrables comme le sable de la mer, » qui accouraient à Cologne, point fixé pour le rendez-vous général, de toutes les parties de la France, de la Lorraine, de la Champagne, de la Bourgogne.

Pierre l'Hermite, suivi de ces masses indisciplinées, traversa d'abord sans encombre la Bavière et l'Autriche, et longeant le Danube, arriva paisiblement jusqu'à Semlin. — Mais là, les croisés ayant reconnu, pendus aux créneaux de la ville, les armes et les dépouilles de quelques soldats de l'armée de Gauthier, tués dans une rixe avec les habitants du pays, ils voulurent malgré les conseils et les exhortations de leur chef punir les Hongrois de cette bravade insolente, et s'étant emparés d'assaut de la ville ils passèrent au fil de l'épée 4,000 de ses habitants. Ils poursuivirent ensuite leur route, sans cesse harcelés par les Hongrois et les Bulgares qui les surprenant dans des embuscades, leur tuaient beaucoup de monde et s'emparaient par surprise de leurs bagages et de leurs chariots.

Les chrétiens étaient arrivés devant Nissa, dont le gouverneur Nichitas parut d'abord disposé à leur fournir des vivres, mais là encore une querelle s'étant élevée entre quelques Allemands et des habitants des faubourgs, l'armée de Nichitas fondit à l'improviste sur les croisés, les tailla en pièces, et leur enleva le trésor de l'armée qui contenait d'abondantes aumônes. Quand Pierre l'Hermite pût rallier ses gens et compter ses pertes, il reconnut que dix mille hommes environ avaient péri dans cette fatale rencontre.

Rendus plus prudents, les croisés purent enfin atteindre, le 1$^{er}$ août 1096, les murs de Constantinople. Ils établirent leur camp dans un lieu voisin de celui où Gauthier avait déjà dressé ses tentes, et les deux chefs et les deux troupes se réunirent dans l'espoir d'un avenir meilleur.

Grâce à sa rare habileté et à ses talents diplomatiques, Pierre obtint de l'empereur grec, Alexis Commène, de riches présents, des vivres et des subsides ; il se disposait à attendre près de Byzance les armées régulières des croisés ; mais encore une fois l'indiscipline et l'impatience de la foule qu'il conduisait, et que venaient sans cesse grossir des multitudes d'Allemands, d'Italiens, de Liguriens, de Lombards, le contraignirent de renoncer à ses sages projets, et l'Empereur, assez satisfait de se délivrer du dangereux voisinage des Latins, leur ayant procuré des bâtiments de transport, ils passèrent tumultueusement sur la côte d'Asie.

Une fois le Bosphore traversé, l'expédition allait avoir à combattre à chaque pas ; aussi Pierre l'Hermite, qui jusqu'alors avait eu le commandement suprême, n'hésita-t-il point à le confier à Gauthier-sans-Avoir, dont il avait plusieurs fois déjà apprécié les talents militaires, et il se relégua volontairement au second rang, se réservant la partie diplomatique et administrative qui n'était certes pas la moins importante à cause de la difficulté qu'il y avait à se ménager les secours et l'appui d'une cour aussi versatile que celle de Constantinople.

Après s'être emparé d'une ville de Bithynie nommée Civitot (aujourd'hui Ghemlick), et s'y être arrêté deux mois environ, les croisés reprirent leur marche et ne tardèrent pas à arriver devant Nicée, l'une des plus fortes places de l'Asie mineure. Ici encore l'aveugle ardeur de ces soldats indisciplinés leur fût fatale ; Gauthier-sans-Avoir voulait attendre pour assiéger cette place l'arrivée des armées occidentales, ou tout au moins le retour de Pierre l'Hermite qui venait de se rendre à Constantinople pour se procurer des vivres; mais les croisés méprisant ses conseils et ses ordres, se ruèrent confusément contre les murs de la ville, et tombés dans une embuscade que leur avait tendue l'armée de Soliman, ils furent massacrés si inhumainement que « les ossements accumulés dans la plaine ressemblaient à une haute montagne. » Gauthier lui-même ne pût que défendre héroïquement sa vie et « tomba hérissé de flèches comme un saint Sébastien. » — Les misérables restes qui avaient échappé au fer des Sarrasins se retirèrent dans Civitot dont les infidèles entreprirent le siège ; ils l'abandonnèrent bientôt sur la nouvelle que Pierre l'Hermite accourait au secours de ses malheureux frères.

Heureusement les princes croisés n'allaient pas tarder à arriver en Asie ; les trois armées de Godefroy de Bouillon, de Hugues de Vermandois, de Raymond, comte de Toulouse, avaient avec des chances diverses parcouru les pays et les mers qui les séparaient de Constantinople, et là, l'empereur Alexis leur avait facilité les moyens de passer en Asie ; ils suivirent également la route de Nicée, et rejoignirent bientôt la première expédition. Les Latins arrivèrent devant Nicée le 5 mai 1097 ; ils en pressèrent vivement le siège et ils allaient s'en emparer quand ils virent avec surprise arborer sur les murailles les étendards grecs : Alexis, qui entretenait des intelligences dans la place avait décidé les habitants à se rendre à lui plutôt qu'aux croisés, et il venait ainsi profiter de la victoire que les Latins avaient achetée au prix de leur sang. — Cette trahison aurait pû coûter cher à l'empereur grec ; mais il s'empressa de calmer l'irritation des croisés par des largesses et les plus vifs témoignages de reconnaissance, et il eût l'habileté d'amener les princes chrétiens à lui rendre hommage et serment de fidélité.

Cinq jours après la prise de Nicée les chrétiens se remirent en route, et le 15 octobre 1097, ils aperçurent les murs d'Antioche ; immédiatement ils se mirent à en faire le siége ; mais cette ville résista plus longtemps qu'on ne l'avait prévu, et bientôt la famine, les maladies contagieuses, le découragement firent de grands ravages parmi les assiégeants. Les Grecs, manquant à leur parole, n'envoyaient point les vivres qu'ils avaient promis ; les ennemis avaient ravagé toutes les campagnes environnantes ; la désertion et la mort creusaient des vides effrayants dans les rangs des croisés. C'est en vain que les chefs cherchaient à ranimer leur ardeur expirante : les soldats découragés refusaient de prendre part aux travaux du siège, ils s'abandonnaient à leurs souffrances sans essayer de les adoucir.

La fin de l'hiver vint faire cesser cette fatale situation ; des vivres arrivèrent des îles de Chypre et de Rhodes, et les monastères d'Arménie envoyèrent de l'argent et des provisions ; les travaux du siège furent repris et poussés activement et la trahison ayant livré aux croisés une des portes de la ville, ils y pénètrèrent à la faveur de la nuit, s'en emparèrent et passèrent au fil de l'épée, disent les chroniques, plus de dix mille infidèles. Kerbogah, prince de Mossoul qui s'avançait avec une armée considérable au secours de la ville, arriva pour être témoin de la victoire des Latins ; mais il fut assez heureux pour communiquer avec la citadelle dans laquelle les infidèles s'étaient réfugiés et qui tenait encore ; il posa son camp tout autour de la ville et la ceignit de si près que les croisés, à leur tour, virent toutes leurs communications coupées, devinrent assiégés d'assiégeants qu'ils étaient naguère, et furent de nouveau menacés par la famine.

Dans ces conjonctures, les chefs furent d'avis d'envoyer une ambassade à Kerbogah pour le déterminer à prendre parti et accepter le combat; Pierre l'Hermite fut unanimement choisi pour cette mission, « d'autant, dit Guillaume de Tyr, qu'il était reconnu d'un chacun pour homme prudent, sage, bien disant, et pour le comble de tout de très honorable vie. » Arrivé à la tente du Sultan, il l'invita à laisser aux chrétiens la ville qu'ils avaient conquise, ou à s'apprêter au combat, lui laissant le choix entre un duel singulier avec le chef des Latins qu'il voudrait désigner, ou un combat entre quelques hommes d'élite, choisis de part et d'autre, ou enfin une bataille générale. Kerbogah ne répondit que par des paroles insultantes et Pierre rentra dans Antioche sans avoir pû connaître ses véritables intentions.

Cependant la position des croisés était trop critique pour qu'ils ne cherchassent point à en sortir à quelque prix que ce fût. Donc le 28 juin 1098, les portes de la ville s'ouvrirent et toute l'armée chrétienne se rangea en bataille dans la plaine. Le Sultan, surpris de cette brusque attaque, disposa à la hâte ses forces imposantes. Les chrétiens se précipitèrent sur les infidèles avec une impétuosité irrésistible, et en moins d'une heure de combat les ennemis commencèrent à lâcher pied : Kerbogah s'enfuit vers l'Euphrate laissant sur le champ de bataille cent mille de ses soldats et abandonnant son camp dans lequel furent trouvés à profusion des chevaux, de l'or et des vivres.

On aurait dû, immédiatement après cette victoire, se porter sur Jérusalem, dont on n'eût point tardé à se rendre maître, grâce à la consternation dont les infidèles étaient frappés ; mais une épidémie qui, en moins d'un mois, enleva cinquante mille chrétiens, obligea les Latins à séjourner longtemps dans Antioche, et ce ne fut que dans les premiers jours de mars 1099 qu'ils purent quitter la ville et prendre route vers Jérusalem.

« Lorsque les croisés, dit M. Vion, eurent gravi la dernière montagne qui les séparait de la ville sainte, une indicible émotion s'empara de leur âme ; on venait d'apercevoir au loin les murs de Sion ! Les premiers qui les virent s'écrièrent avec transport : *Jérusalem ! Jérusalem !* Les échos du mont Sion et de la montagne des Oliviers redirent aussitôt le nom de Jérusalem sortant de quarante mille bouches à la fois et retentissant comme un tonnerre dans les vallées où se trouvait l'arrière garde des croisés. »

Aussitôt que Godefroy de Bouillon crut le moment arrivé de donner l'assaut, l'armée entière se mit en marche et conduite par les prêtres qui suivaient l'expédition, elle fit autour des murs de la ville une pieuse procession en chantant les louanges du Dieu des armées. Au moment où achève de se dérouler cet imposant spectacle, Pierre l'Hermite, monté sur une éminence et entouré de tout ce que l'armée compte de chefs et de guerriers illustres, prononce une allocution véhémente qui enflamme encore l'enthousiasme des chrétiens et fait passer dans leur âme la religieuse ardeur qui consume celle du pieux cénobite.

Revenus au camp, ils passent la nuit en prières et le lendemain au point du jour le signal de l'attaque est donné. Pendant deux jours entiers on combattit de part et d'autre avec un égal courage; les Sarrasins réparaient aussitôt les désastres que leur causaient les puissantes machines des assiégeants ; mais malgré les torches enflammées et le feu grégeois que l'ennemi lançait contre elles, les tours en bois des croisés parviennent à s'approcher des murailles auxquelles elles se relient par leurs plates-formes ; les guerriers s'élancent par ce pont-levis périlleux ; bientôt sur les murs de la ville ils poursuivent les infidèles mis en fuite, « et le cri *Dieu le veut,* qui n'avait encore été qu'un cri d'espérance, retentit enfin comme un cri de victoire, dans les rues de Jérusalem. »

Quand ils virent, au milieu des autres combattants, pénétrer dans la ville conquise l'Hermite Pierre, les chrétiens qui habitaient Jérusalem l'accablèrent d'honneurs et de louanges, lui donnant mille bénédictions et l'appelant leur père et leur sauveur. Les princes croisés et jusqu'aux moindres soldats ne cessaient aussi de lui rendre mille actions de grâce pour sa piété, son zèle et sa valeur ; le saint personnage tout confus répondait à ces ovations par la rougeur de son humilité et par les larmes de joie qui coulaient de ses yeux, reportant à Dieu seul, l'auteur de toutes choses, les louanges et les bénédictions que chacun lui adressait.

Cependant il fallait organiser la conquête et

choisir un chef pour gouverner et administrer les saints lieux ; grâce encore à l'influence et à la parole toujours puissante de Pierre l'Hermite, le choix se porta sur le véritable chef de la croisade, Godefroy de Bouillon. On connaît la sagesse et la fermeté de l'administration de ce prince illustre : il ne faut pas douter que l'apôtre des croisades n'ait eu une grande part dans ses conseils et qu'il n'ait été habituellement consulté sur les affaires les plus importantes. Un seul fait suffit pour le prouver : Godefroy ayant été obligé de marcher contre le sultan de Babylone qui s'avançait à la tête de 50,000 hommes, confia la garde et le gouvernement de Jérusalem à Pierre l'Hermite, afin qu'il en contînt les habitants par sa prudence, et qu'il la défendît, s'il en était besoin, par sa valeur; en même temps, il lui conférait aussi la suprême puissance ecclésiastique, en l'investissant des fonctions de grand vicaire. — Ajoutons que le sultan de Babylone, complètement vaincu, fut forcé de fuir honteusement, et qu'ainsi finit la première croisade.

Godefroy ne régna qu'une seule année et Beaudouin, son frère, lui succéda. Pierre l'Hermite affligé de la mort de ce prince qu'il chérissait tendrement, et jugeant d'ailleurs la possession de Jérusalem désormais assurée entre les mains du nouveau roi, crut que sa présence n'y était plus nécessaire et résolut de revenir en Europe, « pour y jouir du repos qu'il n'avait jamais cessé de regretter, et pour y passer en paix ses dernières années, loin du tumulte des armes et des affaires publiques. »

Il s'embarqua avec un grand nombre de guerriers de la Gaule-Belgique, du pays de Liège et de Brabant qui, comme lui retournaient dans leur pays. Après une heureuse traversée ils étaient sur le point d'aborder aux rivages de France, quand une horrible tempête vint fondre sur le navire qui les portait et les mit à deux doigts de leur perte. Dans cet instant solennel, ils firent le vœu d'élever une église en l'honneur du saint Sépulcre et de saint Jean-Baptiste ; aussitôt la tempête s'apaisa, et étant descendus à terre sains et saufs, ils choisirent Pierre l'Hermite pour exécuter le vœu qu'ils avaient formé. Cédant à leurs pressantes instances, leur saint compagnon consentit à leur désir ; il les suivit jusqu'au nord de la Gaule, et dans la belle vallée de la Meuse, non loin de la ville de Huy, il fonda tout à la fois une église et un monastère où il se retira avec quelques uns de ses anciens frères d'armes.

C'est dans cette paisible retraite qu'il dirigeait sous le titre de prieur, que le huitième jour de juillet 1115, Pierre rendit son âme à Dieu. Il n'était âgé que de soixante-deux ans. Par une nouvelle marque d'humilité il voulut que son corps reposât dans le cimetière commun du monastère ; on obéit à sa dernière volonté ; mais en 1242, on transporta ses restes dans un tombeau de marbre pour lequel on éleva une petite chapelle au bout de la nef de l'église qu'il avait fondée. Là une foule de pèlerins venaient de toutes parts révérer ce tombeau presqu'à l'égal de celui du Christ ; au XVII⁰ siècle l'affluence était devenue si considérable qu'il fallut, pour satisfaire à la pieuse curiosité des fidèles, placer les ossements du saint Ermite dans une châsse magnifique exposée aux regards des pèlerins.

Mais en 1793, ces saintes reliques furent jetées au vent ; le tombeau du XIII⁰ siècle fut brisé et détruit, et rien n'indique plus aujourd'hui la dernière demeure de celui dont l'éloquence inspirée précipita l'Occident sur l'Orient à la délivrance des saints lieux, et dont la grande entreprise fut une des causes les plus puissantes de la civilisation moderne.

---

Telle fut la vie de Pierre l'Hermite. C'est à la ville d'Amiens, qui le vit naître, qu'il appartenait d'élever à l'apôtre des croisades un monument digne de lui. Un tel sujet devait heureusement inspirer le ciseau de l'artiste : le talent élevé de M. Forceville, qui poursuit avec succès les nobles traditions de l'art des Blasset et des Anguier, a fait revivre à nos yeux le grand caractère, la puissante organisation de cet homme chez lequel tout était feu, énergie, entraînement.

Là, sur cette place, il nous semble voir l'ermite Pierre prêchant la guerre sainte; vêtu d'une robe de bure, la croix à la main, le chapelet pendu à la ceinture ; il embrase des flammes de son éloquence la foule émue qui l'entoure; le regard tourné vers l'Orient, il semble déjà s'élancer à la délivrance du saint Sépulcre, et nous croyons entendre retentir au loin le cri de la guerre sainte : *Dieu le veut! Dieu le veut!*

Si cet illustre enfant de la Picardie pouvait pour un instant revenir au milieu de nous, quel ne serait pas son étonnement de voir les honneurs qu'on s'apprête à rendre à celui dont l'humilité refusa toujours toutes les dignités? mais aussi quelle ne serait pas sa joie de voir son œuvre enfin récompensée par un témoignage unanime d'admiration, et son âme ne tressaillerait-elle point d'une pieuse allégresse, en contemplant tant de prélats vénérables, réunis pour une sainte solennité, consacrer en quelque sorte par leur présence le sentiment de religieuse vénération qui pendant tout le moyen-âge a entraîné les peuples à rendre à Pierre l'Hermite les hommages réservés d'ordinaire à ceux-là seulement que l'Eglise compte au nombre des bienheureux !

Amiens.—Imp. LENOEL-HEROUART.

www.ingramcontent.com/pod-product-compliance
Lightning Source LLC
Chambersburg PA
CBHW070525050426
42451CB00013B/2857